Impressum:
Herstellung und Verlag: BoD – Books on Demand, Norderstedt
Verena Münstermann, Krantzstr. 7, 52070 Aachen, Germany

Copyright @ 2021 by Verena Münstermann
Cover Design: Verena Münstermann

www.verenamuenstermann.de

ISBN: 9783755700296

WINTER MALBUCH

Verena Münstermann

Verena Münstermann ist Illustratorin und Designerin aus Aachen. Sie liebt es, Malbücher und Grußkarten zu gestalten, sowie farbenfrohe Muster für Stoffe zu designen.

www.verenamuenstermann.de
www.instagram.com/verenamuenstermann

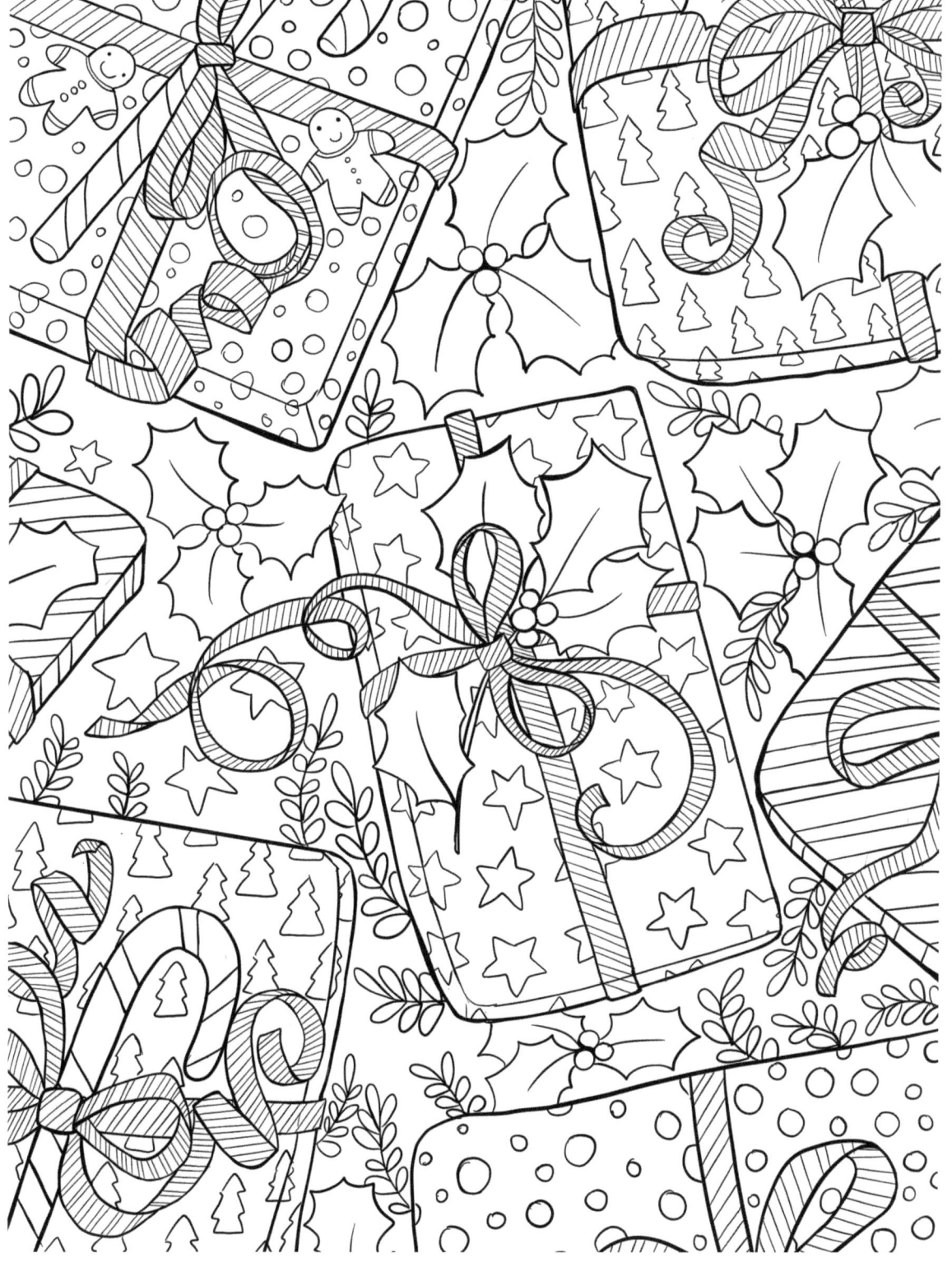

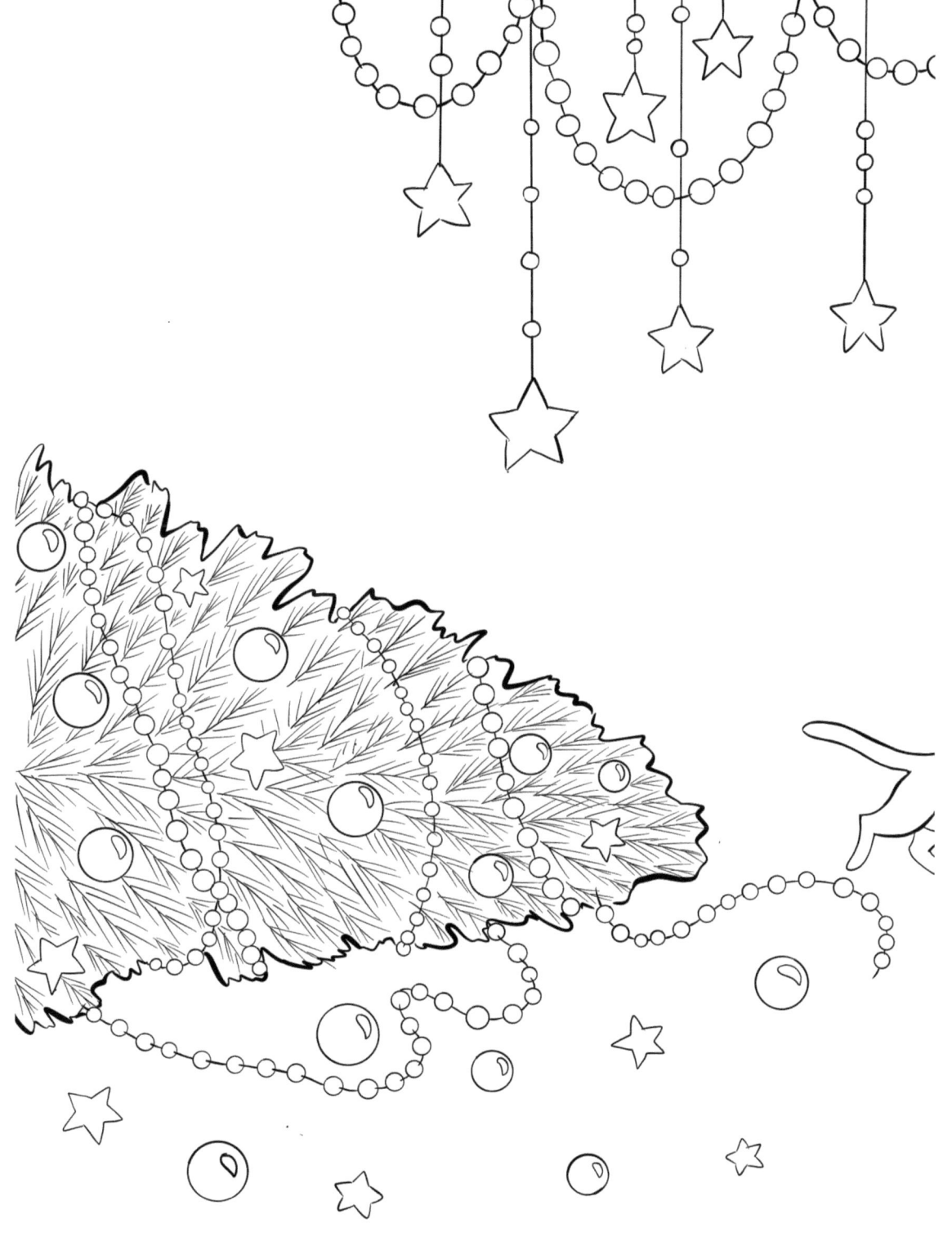

Geschenkanhänger

Geschenkanhänger sind eine tolle Möglichkeit, um Geschenke zu dekorieren.
Am besten du kopierst diese Seite auf einem dickeren Papier, damit die Anhänger robuster sind,
oder du paust sie mit Hilfe eines Lightpads (oder an einem Fenster bei Tageslicht) ab.

An der schmalen Seite kannst du mit einem Locher ein Loch machen und ein schönes Band durchziehen, um den Anhänger an das Geschenk zu befestigen.
Auf der Rückseite der Anhänger kannst du dann den Namen deiner Lieben schreiben, an die du das Geschenk verschenken möchtet.

Weihnachtskarten basteln

Weihnachtskarten kann man kaufen oder einfach selber machen. Auf den nächsten Seiten findest du jeweils eine Vorlage, die du für deine Karte benutzen kannst und eine zum Ausmalen.

Nimm ein dickes Papier (250gr – 300gr) in DIN A4 oder DIN A5 und falte es in der Mitte. Benutze gerne wieder deinen Kopierer. So kannst du das Design auch vergrößern oder verkleinern, damit es auf deine Karte passt. Transferiere das Lettering mit Hilfe eines Lightpads oder des Fensters auf die rechte Seite deines Papiers. Anschließend kannst du das Lettering nachmalen.

wir wünschen euch frohe Weihnachten und ein gutes neues Jahr

wir wünschen euch frohe Weihnachten und ein gutes neues Jahr

Mit diesem Design machst du es genau so, wie es auf der vorherigen Seite beschrieben ist. Schön ist auch, wenn du ein farbiges Papier (z. B. Schwarz oder Dunkelgrau) nimmst und das Lettering in Gold oder Weiß auf das Papier malst. Gerne kannst du das Design noch mit ein paar Punkten, Sternen, Blättern usw. verzieren.

TIPP: Wenn du eine schwarze Karte hast, kannst du schlecht etwas reinschreiben. Für diesen Zweck benutzt man „Einleger". Das ist ein weißes, dünnes Papier in der Größe der Karte. Falte das Papier in der Mitte und lege oder klebe es in die Innenseite deiner Karte. Du kannst es auch mit einem Band befestigen, was sehr schön aussieht. Auf das weiße Papier kannst du wunderbar ein paar Worte an deine Lieben schreiben.
Viel Spaß beim Nachmachen!

TIPP:
Ihr findet diese Letterings auch auf meiner Website www.verenamuentsermann.de zum Downloaden und Ausdrucken. So könnt ihr auch ganz einfach die Größe des Letterings für eure Karte bestimmen und verändern.